EDWIN SANTIAGO

SERIE: FINANZAS SIN LÍMITES

5

CÓMO ACTIVAR LA MENTE DE DIOS

La misión de Editorial Vida es ser la compañía líder en satisfacer las necesidades de las personas con recursos cuyo contenido glorifique al Señor Jesucristo y promueva principios bíblicos.

CÓMO ACTIVAR LA MENTE DE DIOS
Serie – Finanzas sin límites
Edición en español publicada por
EDITORIAL VIDA -2008
Miami, Florida

Edición: *Gisela Sawin Group*
Diseño interior: *Gisela Sawin Group*
Diseño de cubierta: *William Hernández*

ISBN: 978-0-8297-5569-5

CATEGORÍA: Vida cristiana / Mayordomía y donativos

IMPRESO EN ESTADOS UNIDOS DE AMÉRICA
PRINTED IN THE UNITED STATES OF AMERICA

12 13 14 15 ❖ 9 8 7 6 5 4

DEDICADO

Mi Dios, este libro está dedicado a ti, generador de todas las ideas creativas que esta tierra ha descubierto y descubrirá. Tú eres el Creador por excelencia, quien dio origen a todas las cosas y las formó desde una gran idea rodeada de amor y propósito.

¡Gracias Señor por ser mi Creador!

CONTENIDO

CONTENIDO

INTRODUCCIÓN

Jesús era un maestro en el arte de la palabra; y así lo demostraba cada vez que se dirigía a la gente que lo escuchaba y seguía. Siempre expresó el mensaje del Reino de Dios en formas adecuadas del lenguaje. Una de las maneras que utilizaba para enseñar eran las parábolas.

En los evangelios se menciona una y otra vez el uso que Jesús hacía de ellas. Entre otras, encontramos la parábola del sembrador, la del hijo pródigo, la del trigo y la cizaña, la de la semilla de mostaza, la de la levadura, la perla de gran precio, la red, tesoros viejos y nuevos, el mayordomo infiel y la higuera estéril.

La parábola —término que proviene del griego «*parabolé*»— era y es un modo de enseñanza muy corriente y muy provechoso, a la vez que muy agradable de escuchar y fácil de recordar. Es una forma de enseñanza que presenta al oyente ilustraciones de las que pueden obtenerse lecciones acerca de la vida.

Su propósito es inculcar una verdad única. Y representa una forma adecuada de comunicación para transmitir al hombre el mensaje de Salvación, provocando un llamado de atención tal que pueda ver las cosas de un modo distinto. Se vale de imágenes familiares y de lo cotidiano para hacer ver cosas nuevas y no tan conocidas.

Una parábola persuade e ilumina el entendimiento para tomar una decisión por Cristo e impulsar una nueva relación con él.

Muchas de esas parábolas se relacionan específicamente con el Reino de Dios: el carácter, la venida, el valor y el crecimiento. Y es por este motivo que vamos a detenernos en la parábola de *El tesoro escondido*. La misma tiene principios que son una realidad hoy; y toma justamente cosas terrenales para que entendamos razones celestiales y eternas.

Jesús había comparado el Reino de los Cielos con cosas pequeñas, pero a partir de esta parábola lo conjuga con dos cosas de gran valor: un tesoro escondido y una perla muy valiosa.

Permíteme mostrarte, entonces, los principios que se desprenden de esta enseñanza.

UN TESORO DE GRAN VALOR

El reino de los cielos es como un tesoro escondido en un campo. Cuando un hombre lo descubrió, lo volvió a esconder, y lleno de alegría fue y vendió todo lo que tenía y compró ese campo (Mateo 13: 44).

Allí estaba el Señor Jesús hablando a la multitud. Como otras tantas veces, lo hacía por medio de parábolas. Pero en esta oportunidad decía que el Reino de los Cielos era como un tesoro oculto.

Un tesoro no es algo que uno pueda hallar de buenas a primeras, porque no es perceptible a simple vista. Precisamente, una fortuna de incalculable valor se halla oculta hasta que algún agraciado la encuentre.

El vocablo «tesoro» hace referencia a una cantidad de dinero y valores; o bien, a objetos preciosos que se guardan o esconden en un lugar determinado. Y el Señor nos dice que así es el Reino de los Cielos.

En el relato, Jesús introduce en escena a un hombre. Éste era un trabajador, un jornalero, que encuentra accidentalmente una fortuna que se hallaba escondida en un campo, en un terreno. Es evidente que este hombre ya estaba buscando algo en esa parcela de tierra hasta que encontró el tesoro. Quizás ese jornalero no estaba buscando el tesoro en sí; pero indudablemente, examinaba el lugar y se topó con el tesoro.

> **Los ricos trataban de preservar sus riquezas ocultándolas, y la tierra era considerada como un seguro escondite.**

Es importante destacar que en los tiempos antiguos no existían entidades bancarias como ahora; por ende, las personas acostumbraban esconder sus tesoros en la tierra. Los robos eran frecuentes, y cuando ocurría un cambio en el poder gobernante, los que tenían grandes posesiones también estaban expuestos a que se les aplicasen pesados tributos.

Por otra parte, el país estaba en constante peligro de ser invadido por ejércitos merodeadores. Por consiguiente, los ricos trataban de preservar sus riquezas ocultándolas, y la tierra era considerada como un seguro escondite. Pero a menudo se olvidaba el lugar en que se había escondido el tesoro; la muerte podía arrebatar al dueño; y el encarcelamiento o el destierro, podían alejarlo de su tesoro.

En los días de Cristo no era raro descubrir en un terreno descuidado, viejas monedas y ornamentos de oro y plata.

Por esto, Dios mismo había establecido una ley que decía que toda persona que hallara algún valor enterrado en alguna propiedad, se convertía en el dueño del mismo por haberlo encontrado.

Veamos pues, cómo estos principios se trasladan al Reino de Dios. Dijimos que Jesús estaba enseñando acerca del Reino; y lo comparó con un tesoro escondido. El hombre al que hace referencia la parábola, estaba esforzándose sin saber qué iba a encontrar. Por eso, hay dos aspectos muy significativos en este relato.

> **Jesús estaba enseñando acerca del Reino; y lo comparó con un tesoro escondido.**

Por un lado, hay que considerar el tesoro en sí mismo, ya que no era cualquier tesoro, sino que realmente era muy valioso. Y por otro lado el valor del mismo terreno, que sin lugar a dudas tenía un verdadero potencial. Aquel hombre encontró el tesoro y se alegró por el hallazgo. Él sabía que lo que había desenterrado no era cualquier cosa, algo insignificante; sino el hallazgo de un caudal de gran valor.

Fue tanta la alegría y el gozo que sintió al toparse con aquellas riquezas, que decidió iniciar de inmediato un plan para llegar a ser el dueño de aquel terreno. El sabiendo que la ley lo amparaba, prefirió no desenterrar lo que había hallado, sino que lo enterró y se volvió a su casa para vender todo lo que poseía y comprar el lugar. Indudablemente ese jornalero había descubierto que esa tierra tenía un valor inmenso. Él supo discernir no sólo el valor de la fortuna, sino del terreno también. Bien podría haber optado por llevarse el tesoro a su casa y nada más. Sin embargo,

> **Él supo discernir no sólo el valor de la fortuna, sino del terreno también.**

dedujo que donde había encontrado esa fortuna, podía encontrarse algo más. Fue un acto muy inteligente de su parte el vender todo lo que tenía e invertirlo en aquel lugar.

Lo trascendente de esta parábola no es el tesoro, sino el terreno. Porque si tú eres dueño de la tierra, entonces eres poseedor de todo lo que está en ella. Para obtener el tesoro, debes tener contigo la parcela.

Pero aún hay más. Porque el Señor va más allá con su enseñanza. También es llamativa la actitud de ese trabajador. Las Escrituras relatan que ese hombre se llenó de gozo. Lo primero que hizo fue gozarse con lo que había encontrado.

¿No te has preguntado cuál sería la condición en la que se encontraba este hombre? Quizás había intentado una y otra vez salir adelante con su situación económica, y se sentía frustrado y sin éxito en la vida. Y además, sus expectativas acerca de sí mismo se habrían reducido a reiterados fracasos.

> **Porque si tú eres dueño de la tierra, entonces eres poseedor de todo lo que está en ella.**

No obstante, él decidió tomar lo que la vida le estaba brindando. Su actitud había cambiado y con él sus perspectivas, sus sueños, sus anhelos. Una nueva esperanza estaba levantando su corazón. Se atrevió a soñar y a volar alto una vez más.

2

UNA DECISIÓN AUDAZ

Este hombre debe haber tomado en apenas
unos instantes, la decisión más tremenda
de toda su vida. Tuvo que pensar y decidir por
lo que él consideraba que era lo mejor: vender
todo lo que tenía hasta ese momento y comprar
la propiedad en la que había hallado un tesoro
escondido. Entonces se dirigió a su casa; pero
al llegar se dio cuenta de que el dinero resul-
tante de la venta de sus propiedades no iba a
alcanzarle para realizar la compra. Fue así que
con determinación resolvió sacrificar todo lo
que hasta ese momento había conseguido con

el fin de obtener aquel terreno y lo que en él había. Actuó en fe, pues él vendió sus pertenencias para permutarlas por el potencial completo del campo. Él sabía que el terreno valía mucho más que lo que en definitiva pagaría, porque seguramente esa tierra tenía más tesoros escondidos. Él no los había podido ver, ni tocar, pero por fe vendió todo lo que tenía e invirtió el dinero en la compra de ese campo.

La clave está en este punto: ese hombre trabajador estuvo dispuesto a intercambiar todos sus bienes por lo que podía estar enterrado en el terreno, aunque a ciencia cierta no sabía con exactitud cuanta riqueza allí se encontraba.

> ¿Te has preguntado acaso, cuál era el tesoro que había en ese campo?

Muchos de nosotros no estamos dispuestos a intercambiar nada por lo que el Señor nos está ofreciendo.

¿Te has preguntado acaso, cuál era el tesoro que había en ese campo? ¿Por qué el jornalero se atrevió a ofrecer todo lo que poseía en su haber para obtenerlo? Debes saber que el cofre que contenía el tesoro no estaba lleno de dinero, joyas, perlas valiosas o una cuota gigante de prosperidad. Ese tesoro significaba algo más poderoso que una suma cuantiosa de dinero o un estándar de vida al que cualquiera desearía ascender.

Quizás los evangelios nos ayuden a comprender cuál era el valor real de aquel tesoro escondido. Por eso, el apóstol Pablo, en su carta a los colosenses nos da algunas pautas

Verdaderamente el tesoro que estaba oculto en aquel terreno eran la sabiduría y el conocimiento que provienen de lo alto.

para comprender mejor cuál es la enseñanza de Jesús y los principios del Reino en esta parábola. Él dice así: *Quiero que lo sepan para que cobren ánimo, permanezcan unidos por amor, y tengan toda la riqueza que proviene de la convicción y del entendimiento. Así conocerán el misterio de Dios, es decir, a Cristo, en quien están escondidos todos los tesoros de la sabiduría y del conocimiento* (Colosenses 2: 2-3).

Verdaderamente el tesoro que estaba oculto en aquel terreno eran la sabiduría y el conocimiento que provienen de lo alto. Sin embargo, aún sabiendo de qué clase de riquezas estamos hablando, muchos prefieren continuar con lo que tienen porque no están dispuestos a rendir y sacrificar sus bienes transitorios que este mundo les ofrece, por los tesoros eternos que se encuentren en el Reino de Dios.

> **Esta clase de riqueza no está en la superficie, a simple vista.**

Ahora, ¿te has dado cuenta que las Escrituras nos dicen que esos tesoros están escondidos? Esas riquezas se encuentran sólo en Cristo Jesús. Pero esto no significa que si alguien se acerca al Señor los va a hallar. Dar con estos verdaderos tesoros escondidos requiere disposición, compromiso y perseverancia; no simplemente asistir a las reuniones de domingo.

Para hallar la sabiduría y el conocimiento debes buscarla en el terreno, y cavar profundo. Esta clase de riqueza no está en la superficie, a simple vista. Es una tarea para valientes, perseverantes, esforzados y constantes. Por este motivo no todos podrán encontrarlos.

El hombre del relato dio con el cofre porque se detuvo en el terreno y cavó hasta encontrar aquellos bienes. A lo mejor otros pasaron por aquella tierra y no buscaron, ni examinaron con detenimiento. Lo que diferenció a ese hombre de los demás fue su actitud, y su espíritu inquisitivo de lucha y conquista.

> Lo que diferenció a ese hombre de los demás fue su actitud, y su espíritu inquisitivo de lucha y conquista.

Tú debes saber que el dinero no es tu tesoro. Lo que sí debes hacer es procurar algo en tu vida y desvelarte por ello. Buscar y anhelar las riquezas que están escondidas en Cristo: que son el conocimiento y la sabiduría.

Te aseguro que estas dos cosas transformarán tu vida si logras hallarlas.

Cuando hablo de conocimiento, no estoy diciendo que seas un erudito en alguna materia o disciplina. Muy por el contrario, te estoy hablando de ideas, de la facultad de entender y juzgar las cosas. Y al hablar de sabiduría, estoy haciendo mención a la habilidad de aplicar el conocimiento. Hay personas que tienen el conocimiento pero ignoran cómo aplicarlo. No tienen la capacidad para emplear sus ideas. Por eso, no basta con tener conocimiento, sino que la destreza está en saber aplicar ese conocimiento en el momento preciso.

> **Hay personas que tienen el conocimiento pero ignoran cómo aplicarlo.**

Dijimos que en Cristo Jesús están escondidos todos los tesoros del conocimiento y de la sabiduría. Pero éstos no son comunes, sino que son creatividad pura, ideas originales e innovadoras. Dios creó el mundo que vemos y vivimos de la nada. Lo concibió primero en su mente y en su corazón y así lo formó. Así que cuando hablamos de la mente de Cristo lo hacemos pensando que es la mente del Ungido de Dios con su Santa Unción. Esta unción irrumpe en tu mente con representaciones y conocimiento, rompiendo y quebrantando todo yugo o impedimento que esté imposibilitando que la recibas. Trae a tu vida la información que antes no conocías, y te da la sabiduría para que puedas comprender y aplicar lo recibido de una manera sobrenatural. Cuando tengas el conocimiento y la habilidad para

> **Dios creó el mundo que vemos y vivimos, de la nada.**

aplicarlo, todas las puertas estarán abiertas. Un ejemplo de ello nos da la historia que narran las Escrituras acerca de José.

Si miramos con detenimiento la vida de José, observaremos que luego que fue llevado a Egipto, fue vendido por los mercaderes madianitas a Potifar, quien era oficial de Faraón, capitán de la guardia egipcia. Sin embargo, Dios estaba con José a pesar de las situaciones que le habían tocado atravesar y fue prosperado.

José sirvió en la casa de su amo y halló gracia delante de sus ojos; por lo que Potifar le hizo mayordomo de toda su casa y entregó en su poder todo lo que tenía. José era un hombre a quien el Señor le había dado conocimiento y sabiduría. Y al igual que él, cuando tú seas lleno de estos tesoros, serás prosperado y reconocido en primer lugar.

> **Cuando tengas el conocimiento y la habilidad para aplicarlo, todas las puertas estarán abiertas.**

La mujer de Potifar puso sus ojos en José, pues él era un joven muy apuesto y le dijo: Duerme conmigo. Sin embargo, José sabía que su amo le había entregado todo menos a su esposa, y se negó a pecar contra su dueño.

Pero esta mujer urdió un plan a fin de vengarse de la indiferencia de José, y le hizo parecer culpable argumentando que él había intentado dormir con ella. Entonces Potifar se lleno de ira contra José y lo puso en la cárcel. No obstante, aun en la cárcel Dios estaba con el. Dios extendió su misericordia sobre la vida de su escogido para que hallara favor y gracia delante de los ojos del jefe de la prisión. Fue así que este hombre le entregó el cuidado de todos los presos del rey. Aún en la cárcel José fue prosperado. Incluso en situaciones extremas, El supo aplicar el conocimiento y la sabiduría que había recibido de lo Alto.

> ## Aún en la cárcel José fue prosperado.

Pasaron algunos años y el Faraón tuvo un sueño que ninguno de los magos y agoreros de Egipto pudo dilucidar. Entonces, como José ya había interpretado sueños estando en prisión, fue llevado ante el Faraón para ver si él podía interpretar lo que había soñado.

Dios le reveló a José el significado del sueño, y al oír Faraón la interpretación, reconoció públicamente que la presencia de Dios estaba sobre José. Fue así como lo declaró como el único entendido y sabio en todo Egipto poniéndolo en segundo lugar después de él y sobre toda aquella nación. Por su sabiduría y conocimiento, todo Egipto fue gobernado por las palabras que salían de la boca de José.

El mismo Salomón supo expresar con exactitud por qué es mejor hallar los tesoros escondidos en Cristo que todo el dinero que podamos recibir en esta tierra: *Dichoso aquel que encuentra la sabiduría y adquiere inteligencia, porque es de más provecho que la plata; y sus frutos rinden más que el oro fino. Es más valiosa que las piedras preciosas: ¡Ni lo más deseable se le puede comparar! Con la mano derecha ofrece larga vida; con la izquierda, honor y riquezas. Sus caminos son placenteros y en sus senderos hay paz. Ella es árbol de vida para quienes la abrazan; ¡dichosos los*

> No te preocupes por atesorar en tu cuenta bancaria; sino ocúpate con pasión por guardar el tesoro de tu corazón, porque de él mana la vida.

que la retienen! (Proverbios 3:13-18). No te preocupes por atesorar en tu cuenta bancaria; sino ocúpate con pasión por guardar el tesoro de tu corazón, porque de él mana la vida.

Hoy por hoy, el oro es el metal más valioso y preciado. Y de los frutos que Salomón nos está mencionando, la sabiduría y la inteligencia, son aun de más ganancia y valor que el oro más fino. Todo el oro que se pueda tener o conseguir no se compara con una idea creativa que Dios en su sabiduría pueda traer al corazón.

> Los tesoros celestiales son más valiosos que el dinero o que cualquier metal o piedra preciosa en este mundo.

También es probable que hayas deseado y anhelado una mejor vivienda, un automóvil último modelo o una situación económica más holgada; sin embargo, todo cuanto ansíes resulta poco e incomparable con aquello que el Señor puede darte. Ni la casa que planeaste, ni la empresa que soñaste, ni todo lo que te has propuesto alcanzar se compara con la sabiduría y el conocimiento que provienen de Dios. Ellos son poder creativo en sus manos; y no solamente te traerán bendición, sino que además te darán largura de días sobre esta tierra. ¡Felices son aquellos que los alcanzan y retienen!

Algunos, estafan, roban y hasta cometen crímenes por dinero. Sin embargo, los tesoros celestiales son más valiosos que el dinero o que cualquier metal o piedra preciosa en este mundo. Recuerda que su sabiduría es la materia prima que Dios utilizó al fundar la tierra y afirmar los cielos.

> **Si la sabiduría trae contentamiento a tu corazón, alma y espíritu, has hallado el tesoro más valioso que se puede encontrar.**

El Señor se valió de su sabiduría, inteligencia y conocimiento para establecer esta tierra y todo lo que en ella hay. Estamos inmersos en el mundo de la ciencia y la tecnología, pero el Señor se valió de su saber para formar cada cosa que ocupa un espacio en el universo. La mente creativa e ingeniosa de Dios concibió un proyecto de vida y así lo plasmó haciéndolo al hombre a su imagen y semejanza en perfecto orden y armonía.

¿O piensas acaso que tienes que orar todas las noches para que a la mañana siguiente salga el sol? Pues debes saber, que aunque esté nublado o sea de noche, el sol siempre está presente en el firmamento. El Señor sujetó todo con la Palabra de su poder.

Si la sabiduría trae contentamiento a tu corazón, alma y espíritu, has hallado el tesoro más valioso que se puede encontrar.

3

UNA MENTE INNOVADORA

Con la misma sabiduría y conocimiento con los que el Señor estableció los cielos y la tierra, te formó y te predestinó desde antes de la fundación del mundo. Tú y yo estábamos en sus sueños. Así como concibió a Adán, también te imaginó a ti. Ninguno de nosotros somos un accidente de la casualidad. Somos el sueño de Dios hecho realidad. Somos su creación y como tal, hechura suya para que andemos en las obras que Él preparó de antemano. Tú posees lo que esta generación necesita, porque fuiste creado para cumplir con un propósito de vida.

El rey Salomón fue un hombre que supo apreciar el valor de atesorar lo eterno, y al respecto escribió en reiteradas ocasiones en sus Proverbios acerca de ellos: *Adquiere la verdad y la sabiduría, la disciplina y el discernimiento, ¡y no los vendas!* (Proverbios 23:23).

> Somos su creación y como tal, hechura suya para que andemos en las obras que Él preparó de antemano.

Comprar es un vocablo que hace referencia a intercambiar, cambiar y adquirir, porque para obtener algo debes dar algo de valor. Las mujeres son muy hábiles en este arte de la compra y la venta. Por eso, cuando se acercan las ofertas y liquidaciones de temporada, compran más con menos dinero; pero ellas conocen perfectamente que lo que han adquirido tiene un costo mucho más elevado.

Todo cuanto tú desees comprar tiene un precio por saldar. No puedes conseguir nada si simplemente te acercas a un negocio a decir que

quieres algo. Antes de llevár-
telo tendrás que pagarlo.

Sin embargo, Salomón
insiste en que compremos la
verdad y no la vendamos, no
comercialicemos con ella, al
igual que con la inteligencia

> # Honra la sabiduría y a su tiempo, ella te honrará a ti.

y la sabiduría. Si debes sacrificarte, no lo dudes y
hazlo. Pero no intercambies nada de lo que Dios
te ha dado de sus tesoros. Honra la sabiduría y a
su tiempo, ella te honrará a ti (Proverbios 4: 8).

Si apeteces algo del Reino de Dios, deberás
hacer un intercambio. Ahora, esto no significa
que tendrás que pagar con dinero lo que el Señor te está dando. Ese dinero está representado
en las posesiones que tienes. Sí deberás demos-
trarle a Dios que estás dispuesto a sacrificar y
entregar todo lo que posees por aquello que Él
te da y que es lo mejor para tu vida.

El Señor es el que te provee sabiduría, pero
de su boca vienen el conocimiento y la inteligencia (Proverbios 2:6). Entonces, quiere decir que el conocimiento y la sabiduría vienen a

través de la Palabra de Dios. La sabiduría no es algo abstracto o una filosofía humana. La sabiduría y el conocimiento de Dios son una persona. La sabiduría está en Cristo Jesús y en su Palabra.

> **El Señor es el que te provee sabiduría, pero de su boca vienen el conocimiento y la inteligencia**

No necesitas de capitales, poner una empresa o ser rico. Nosotros no necesitamos movernos por el dinero, sino por Cristo Jesús que mora en nuestros corazones. Y Salomón continúa diciendo: *La sabiduría construyó su casa y labró sus siete pilares. Preparó un banquete, mezcló su vino y tendió la mesa. Envió a sus doncellas, y ahora clama desde lo más alto de la ciudad. ¡Vengan conmigo los inexpertos! —dice a los faltos de juicio—. Vengan, disfruten de mi pan y beban del vino que he mezclado* (Proverbios 9:1-5).

Yo no sé tú, pero el día que recibí a Cristo, comí de su pan y bebí de su vino. El que me está invitando a comer del pan y beber del vino se llama Jesús; y lo que está expresado aquí es que Cristo Jesús es el pan que descendió del cielo, él es la Palabra, él es el Verbo. ¿Y quizás te preguntes qué tiene que ver el vino? Pues el vino es la sangre de Cristo que redime, restaura y limpia; y por lo tanto, a medida que tú bebas del vino que Él te da, serás renovado en el espíritu de tu mente y de tus pensamientos. Comerás de su pan y obtendrás su conocimiento, sabiduría e inteligencia, cuando hayas pasado por la remisión y la redención que su sangre te da. Solo así tu mente será renovada integralmente y tendrás sabiduría y conocimiento.

> **Disponte a adquirir inteligencia y sabiduría.**

Disponte a adquirir inteligencia y sabiduría. No te apartes de ellas ni las abandones, pues ellas te protegerán. Ámalas y te cuidarán.

La historia hebrea cuenta que cuando la reina de Sabá visitó a Salomón atraída por su fama y sabiduría, reconoció y bendijo a Jehová Dios de Israel (1 Reyes 10:1-13; 2 Crónicas 9:1-12).

Y en los evangelios, Jesús hace referencia a este acontecimiento que tuvo repercusiones en las generaciones futuras: *La reina del Sur se levantará en el día del juicio y condenará a esta generación; porque ella vino desde los confines de la tierra para escuchar la sabiduría de Salomón, y aquí tienen ustedes a uno más grande que Salomón* (Mateo 12:42).

Esta reina, cuando oyó de la sabiduría de Salomón, vino de los confines de la tierra, atravesó caminos difíciles y veredas escabrosas que otros no se animaron a cruzar. Ella anhelaba lo que Salomón tenía y también lo quería para ella. Sin embargo, no vino con las manos vacías. Sus camellos llevaban perfumes y grandes cantidades de oro y piedras preciosas. Esta mujer se quedó atónita al ver la sabiduría de Salomón y el palacio que él había construido, los manjares de su mesa, los asientos que ocupaban sus funcionarios, el servicio y la ropa de los camareros, las bebidas, y los holocaustos que ofrecía a Dios. Reconoció ante Salomón que todo lo que había escuchado acerca de él, sus triunfos y sabiduría era verdad.

No podía creer nada de eso hasta que lo comprobó con sus propios ojos. Pero en realidad, ¡no le habían contado ni siquiera la mitad! Tanto en sabiduría como en riqueza, Salomón superaba todo lo que había oído sobre él. Decía una y otra vez que sus súbditos y servidores eran tan dichosos porque constantemente estaban bebiendo de la sabiduría de su rey.

La reina de Sabá puedo ver en Salomón lo que muchos de nosotros todavía no vemos en Jesús. Él es la sabiduría por excelencia y tiene el conocimiento para que tengas éxito en la vida y en todo lo que emprendas.

El mundo es controlado por ideas y no por dinero. A los hombres les surgen ideas, y éstas siempre atraen las riquezas.

Un joven que cursaba sus estudios superiores en la Universidad escribió un

> **Él es la sabiduría por excelencia y tiene el conocimiento para que tengas éxito en la vida y en todo lo que emprendas.**

bosquejo en el que plasmaba el sueño de tener una agencia que pudiera transportar paquetes y correspondencia a todo el mundo. Al escucharlo el profesor, le dijo que estaba absolutamente loco y que eso nunca pasaría. Aquello que se inició como el sueño de un joven aventurero y de vanguardia, se concretó rápidamente. Hoy por hoy, es una compañía poderosa. Con más de tres mil cuatrocientos empleados, atiende a más de cincuenta países y territorios —esto es solo en Latinoamérica—. Fedex se ha convertido en la mayor empresa de transporte expreso del mundo entero.

> Nosotros muchas veces ponemos la fe en reversa, depositando ideas y proyectos en mentes humanas y no en la del Señor.

Nosotros muchas veces ponemos la fe en reversa, depositando ideas y proyectos en mentes humanas y no en la del Señor. Cuando tú logras comprender que las ideas, el conocimiento y la sabiduría vienen de Dios, entonces tú no necesitas nada más.

Es por eso que el Señor dice: ¿Quién ha creído a nuestro anuncio, y sobre quién se ha manifestado el brazo de Jehová? Porque generalmente los hombres le creen más fácilmente

> Que si hoy decides creerle al Señor, vas a tener que tomar tus decisiones y poner tu boca y tus bienes donde están las riquezas verdaderas.

a otros hombres que a Dios. Pero debes saber que si hoy decides creerle al Señor, vas a tener que tomar tus decisiones y poner tu boca y tus bienes donde están las riquezas verdaderas. Sólo necesitas una idea creativa de parte de Dios y todo te saldrá bien. Serás un hombre y una mujer con propósito.

Es probable que hayas sido testigo de lo que hacen algunas personas en situaciones extremas de necesidad. Cuando aparentemente todos sus recursos se han agotado, y no tienen ya

> **La sabiduría y las ideas de Cristo no están en la superficie, se encuentran en lo profundo y tú debes cavar bien hondo.**

más nada, en lugar de esconderse con lo poco que les queda, deciden sembrar una ofrenda y regar su parcela de tierra. Ellas conocen los principios del Reino de Dios y saben que sólo de este modo cosecharán una idea creativa de lo Alto. La sabiduría y las ideas de Cristo no están en la superficie, se encuentran en lo profundo y tú debes cavar bien hondo. Las hallan los esforzados, los que no se conforman, los comprometidos, los que se determinan en sacrificar todo lo que poseen para ir en pos de lo que Dios les ha prometido.

4

¿QUÉ PUEDES HACER
CON UNA IDEA?

Pues Bill Gates con una sola idea, se transformó en el hombre millonario más grande del mundo. Tú y yo tenemos la mente de Cristo; pero para utilizarla debemos activarla. Cuando tú la activas y crees que Cristo es la sabiduría, el conocimiento y la inteligencia, entonces eres renovado y tienes su mente. Es allí cuando puedes entregar todo al ciento por ciento, y buscar de sus tesoros escondidos en Jesús. La Iglesia es rica y próspera porque tiene la abundancia que proviene del Padre. Ella es poseedora del conocimiento y la sabiduría del Reino. Debes dejar de confiar en otros, y empezar a confiar solamente en los recursos que Dios te da. Él te abrirá los tesoros del conocimiento y la sabiduría. Estas riquezas no tienen parangón con el dinero.

Si se cae la economía de la nación, te estafan o roban, te quedas sin fondos. Pero si tú atesoras lo que viene del Cielo, entonces te levantarás una y otra vez.

> **La Iglesia es rica y próspera porque tiene la abundancia que proviene del Padre.**

Había un hombre que era dueño de una compañía de limosinas. Él era un cristiano comprometido y orando le pidió al Señor que le diera una idea para mejorar su calidad de vida. Es así que la empresa comenzó a crecer y a prosperar. Pero cuando esto ocurrió, parece que se desconectó del Señor; y pretendiendo ayudar a Dios, tomó la decisión de traer a otra persona y asociarse con ella. Cuando se pusieron de acuerdo y acordaron firmar un contrato por la sociedad, este hombre se dio cuenta de que su propio abogado lo había traicionado. Luego de una semana recibió una llamada telefónica en la que lo notificaban que había perdido la compañía de la cual era dueño y que él mismo había fundado. Pidió amparo a la Justicia, pero cuando llegaron a la Corte, no ganó el litigio y

> **«Señor, dame sabiduría y entendimiento. Necesito tu consejo».**

tampoco pudo recuperar nada. Nunca se había detenido a leer concienzudamente el contrato porque confiaba en su abogado.

Cuenta este hombre que después de sentirse hundido en la peor crisis emocional y financiera que le había tocado vivir, comenzó a orar y a clamar al Señor. Y estando allí quebrantado, le dio a Dios su ofrenda diciendo: «Señor, dame sabiduría y entendimiento. Necesito tu consejo». De inmediato recibió la respuesta. El desafío era levantar otra compañía de limusinas totalmente diferente a como lo había hecho con la primera.

Se levantaba muy temprano, de madrugada, e iba tomando nota de cada idea que el Señor iba trayendo a su mente. Pensó en buscar recursos económicos para comenzar, pero nadie quería ayudarlo. Entonces, haciendo uso de la sabiduría que Dios le había dado empezó a utilizar los recursos del Señor. Levantó una nueva compañía en la misma ciudad donde le había sido quitada la primera. Su empresa se transformó en la más importante compañía que puedas imaginar.

> **Esta mujer que no tenía nada, buscó en los tesoros escondidos en Cristo Jesús.**

Otra mujer, a la cual el doctor Yongi Cho en Corea del Sur le había predicado, cuenta que ella era inconversa pero él quería anunciarle las buenas noticias del Evangelio.

Esa mujer con su familia estaba sumida en la pobreza total. Su esposo era un alcohólico, y sus dos hijos se estaban muriendo de tuberculosis.

Entonces, el doctor Yongi Cho le dijo que si la Palabra de Dios operaba trayendo prosperidad económica en el Sur de Corea, también podía hacerlo en la ciudad donde ella vivía. Definitivamente se entregó al Señor, y a los pocos días de estar recién convertida, vino a su mente una idea. Por años había cocinado para su familia un menú que todo el que lo probaba, concluía en lo apetitoso que era. Así que comenzó su propia empresa de fabricación de alimentos y hoy es la mujer más rica de toda la congregación. Su esposo fue libre del alcoholismo, y sus hijos terminaron sus estudios superiores en la Universidad de Harvard. Uno se recibió de abogado y el otro de médico. Esta mujer que no tenía nada, buscó en los tesoros escondidos en Cristo Jesús.

Un pastor había invitado a un rabino a su congregación, para lo cual le envió una ofrenda de quinientos dólares. Pero el rabino le devolvió todo el dinero y aún le agregó de su riqueza personal, tres mil dólares más. Y adjuntó una carta que decía: «Ustedes no saben ofrendar. Ustedes no saben sembrar». El pastor, confundido, lo llamó telefónicamente y le dijo: «¿Qué es lo que yo hice?». Entonces el rabino le respondió nuevamente que la congregación no sabía ofrendar ni diezmar.

Al cabo de un tiempo, aquel rabino llamó al pastor para invitarlo a un culto en su sinagoga. El motivo de aquella reunión era levantar una ofrenda con el propósito de construir otra sinagoga. El rabino quería que el pastor observara un pueblo próspero y bendecido, ofrendando. Cuenta el pastor que fue a la sinagoga y el rabino lo tomó de la mano y lo sentó en el banco que estaba al frente. Cuando ambos estuvieron ubicados, dirigiéndose a él, le dijo:

—Pastor, todos los que se sientan en este banco tienen que ofrendar trescientos mil dólares.

A lo que el pastor respondió:

—Muy bien, entonces me sentaré detrás.

Pero el rabino, continuó:

—No, quédate aquí. Yo ofrendé por ti y por mí.

Relata el pastor que los asistentes se peleaban por sentarse en el banco que estaba al frente, porque al ubicarse en los que le seguían ofrendaban cantidades menores: una fila doscientos mil, la otra ciento cincuenta mil, y así sucesivamente. Los que estaban detrás querían treparse por encima de la gente para llegar al primer banco. Finalmente contaron la ofrenda y la suma ascendía a veinticinco millones.

Pero esto no fue todo. Aún estaban en medio de aquel culto, cuando el rabino se puso en pie y llamó a un hombre que había quebrado en su negocio. Él había tenido una ferretería, pero ahora estaba cerrada. Al tenerlo delante le dijo que se levantara porque el Señor quería decirle algo. Entonces prosiguió: «Si tú me das cinco millones de dólares de los que te han quedado de tu negocio, yo te daré dos llaves de sabiduría de parte de Dios». El hombre respondió que no podía darle esa suma de dinero, porque sólo eso había podido recaudar para vivir y afrontar sus compromisos después del fracaso de su empresa. De repente, otro hombre que se encontraba en el lugar, poniéndose en pie dijo que él le daba al rabino dos millones de dólares por esas dos llaves de sabiduría. No obstante el rabino insistió con el primero, pero esta vez agregó: «No, no solamente dame cinco, sino los únicos diez millones de dólares que tienes; y yo te daré una idea creativa». Como corolario de aquella historia, el segundo hombre hoy es proveedor de una cadena de Hipermercados reconocida mundialmente. Y el segundo, es dueño de una cadena de ferreterías con entradas anuales, ascendentes a millones de dólares. Ambos no pensaron, y tomaron las ideas que el Señor les había dado en aquella reunión. No cabe duda, que una idea que viene de Dios es más valiosa que todo el oro y la plata del mundo.

> No cabe duda, que una idea que viene de Dios es más valiosa que todo el oro y la plata del mundo.

La Iglesia de Cristo siempre se va a levantar victoriosa y gloriosa en medio de la crisis. Cuando utilizas los recursos y herramientas que Dios ha puesto a tu disposición, no hay puerta que pueda permanecer cerrada. Tenemos esos tesoros en vasos de barro, para que la excelencia del poder sea de Dios y no nuestra, que estamos atribulados en todo, mas no angustiados; en apuros, mas no desesperados; perseguidos mas no desamparados; derribados, mas no destruidos. Por esto, no desmayamos, y aunque nuestro hombre exterior se desgasta, el interior se renueva día a día. Cada leve tribulación momentánea produce en cada uno de nosotros un cada vez más excelente y eterno peso de gloria. No debemos mirar las cosas que se ven, sino las que no se ven; pues aquellas que se ven son temporales, pero las que no vemos son eternas (2 Corintios 4:7-9; 16-18).

> Adquiere la mente de Cristo y aprópiate de la sabiduría y el conocimiento que provienen de Él.

Este es el tiempo para hacer tuyos los principios de la economía del Reino de Dios. El Señor te dará ideas creativas.

Despójate del viejo hombre que está viciado conforme a los deseos engañosos; y vístete del nuevo hombre, creado según Dios en la justicia y santidad de la verdad. Y renuévate en el espíritu de tu mente. Adquiere la mente de Cristo y aprópiate de la sabiduría y el conocimiento que provienen de Él.

Dios te levantará de madrugada para impregnarte de sus ideas. Dominarás áreas que no conocías y tendrás la habilidad de aplicar el conocimiento que el Señor te imparta.

> **Lo que importa es lo que tú vas a hacer con el terreno que encontraste.**

Lo que importa es lo que tú vas a hacer con el terreno que encontraste. Cava profundo, encuentra tus tesoros. Tu mente despertará con una creatividad nueva. En el Nombre de Jesús se levantarán empresarios y hombres inteligentes para los negocios, con conocimientos para administrar áreas que otros no podrán dominar.

Cuando Dios te da su sabiduría y su conocimiento, no solo lo notarás tú, sino que aquellos que te rodean también evidenciarán tu cambio. Serás ascendido en tu trabajo a puestos gerenciales.

Declara sobre tu vida que tienes una mente creativa, la mente de Cristo. Ella será la matriz que concebirá todos tus sueños. Tus proyectos se concretarán por el poder que opera en ti.

Recuerda, esta enseñanza no es para el común denominador, sino para aquellos que comprendieron que el Reino de los Cielos tiene tesoros escondidos. Cava profundo, no te canses, esfuérzate.

Una idea en las manos de Dios cambia la historia de cualquier

> **Cuando Dios te da su sabiduría y su conocimiento, no solo lo notarás tú, sino que aquellos que te rodean también evidenciarán tu cambio.**

hombre. El mundo no está gobernado por dinero, sino por ideas creativas que vienen de la mente de Dios.

En Cristo está levantar una Iglesia sólida, sabia e inteligente. El propósito principal de esta Iglesia será alcanzar al mundo y predicar el evangelio. Y tú eres parte activa de este sueño de Dios.

Él te dará ideas creativas para bendecirte, prosperarte, y para que seas una columna financiera de lo que Él quiere hacer. ¡Atrévete, que lo mejor siempre está por venir!

ACERCA DEL AUTOR

Apóstol Edwin Santiago

El Dr. Edwin Santiago es Apóstol de la Iglesia Taber-náculo Internacional en West Palm Beach, Florida. También posee un Doctorado en Divinidades y es ministro ordenado de las Asambleas de Dios. Durante más de 30 años ha ministrado la Palabra de Dios en Estados Unidos, Iberoamérica, y Europa. El apóstol Edwin Santiago es parte del Consejo Pastoral de Editorial Vida, fundador y Presidente de *E.S. Ministries*. También es anfitrión de su propio Congreso anual de liderazgo *Rompiendo Los Limites*, evento internacional que se realiza durante todo el año en distintos países. Conduce programas de televisión a través de CTNI y ENLACE TBN a todo el globo.

A través de su mensaje el Edwin Santiago comunica las estrategias esenciales para alcanzar las dimensiones espirituales que Dios desea, y capacita a líderes, empresarios, y pastores para ser líderes en la iglesia del siglo 21. También es autor de los libros: *Rompiendo Los Límites, Fe Explosiva, Paternidad Espiritual, y Códigos de Sabiduría*.

www.tabernaculodeamor.org
www.rompiendoloslimites.com

Notas

Notas

Notas

Notas

Notas

Notas

Notas

Notas

Notas

Nos agradaría recibir noticias suyas.
Por favor, envíe sus comentarios sobre este libro
a la dirección que aparece a continuación.
Muchas gracias.

Editorial Vida
Vida@zondervan.com
www.editorialvida.com